Ausnahmezustand

Was bewegt die Welt – was bewegt uns? Lyrischer Kommentar des Zeitgeschehens

Harlekin Pierrot

)

Ausnahmezustand

Was bewegt die Welt – was bewegt uns? Lyrischer Kommentar des Zeitgeschehens

Harlekin Pierrot

Bibliographische Information der Deutschen
Nationalbibliothek

Die Deutsche Nationalbibliothek verzeichnet diese Publikation
in der deutschen Nationalbibliographie, detaillierte
bibliographische Daten sind im Internet über http://
dnb.dnb.de abrufbar.

© 2020 Harlekin Pierrot

Herstellung und Verlag

BoD - Books on Demand, Norderstedt

ISBN 9783752686395

Zum Geleit

Das Leben ist nach einer Phase der Entspannung wieder im Ausnahmezustand. Nichts ist normal, unser Leben wird durch die Pandemie und durch manche politischen Entscheidungen bestimmt.

Es ist zu erkennen wie dünn manchmal die Hülle der Menschlichkeit ist und wie agiert und reagiert wird.

Auch wie unterschiedlich manche Regionen sind – so wie Menschen leben und ihr Leben repräsentieren.

Diese Beobachtungen regen mich an Gedichte zu schreiben und Gedanken zu formulieren, rein auf der persönlichen Ebene, sie finden sich hier wieder. Genauso wird hier die Politik, die Geschichte und das Zeitgesehen kommentiert.

Bewusst sind hier persönliche Gedanken und Beobachtungen gemischt und nicht in Kapitel unterteilt worden, denn meine Gedichte entstehen oft einfach aus einem Gefühl, einer Stimmung oder einer Beobachtung.

Ich lade Euch wieder ein mit mir meine Gedanken und Gefühle zu teilen! Rein subjektiv und keinesfalls objektiv.

Viel Freude beim Lesen und Gedanken machen.

Harlekin Pierrot

Plötzlich

Plötzlich ist es da!

Plötzlich ist alles anders!

Schrecken,

Angst,

Risiko,

Shutdown,

ES IST DOCH WEG!

Der Leichtsinn überzeugt!

Wir sind so weit wie vorher!

Nicht plötzlich – es ist noch da!

Mit aller DEUTLICHKEIT!

Verbote

Reisen, genießen, Urlaub!

Ferien!

Nein, nicht für jeden!

Nein, nicht für alle!

Bestimmte Menschen dürfen nicht!

Bestimmte Menschen leben wieder in Quarantäne!

Bestimmte Menschen sind isoliert!

Alles auf null!

Alles auf Reset!

Es ist nicht vorbei!

Es ist allgegenwärtig!

Das Virus!

Die Meute

Ein Mensch wird in die Enge getrieben!

Ein Mensch wird angeprangert!

Er hatte Gutes im Sinn!

Die Meute lacht hämisch und freut sich daran!

Es waren weitere dabei!

Sie hatten Ideale!

Sie hatten Ziele!

Die Meute lacht hämisch und freut sich daran!

Die Missgunst zerstört die Ziele!

Der eine lässt das Gute!

Der andere fällt in ein Loch!

Die Meute lacht hämisch und freut sich daran!

Der eine geht an die Öffentlichkeit!

Der andere geht kaputt!

Die Meute lacht hämisch und freut sich daran!

Ich bin traurig …

Ich bin verzweifelt …

Warum?

Die Meute lacht hämisch und freut sich daran!

Menschen sind grausam!

Ideale sind schutzlos!

Wieso?

Die Meute lacht hämisch und freut sich daran!

Gedanken

Gedanken – beim Denken verbiegt man sich nicht!

Gedanken – beim Schreiben verbiegt man sich nicht!

Gedanken – beim Aussprechen verbiegt man sich nicht!

Gedanken – beim Lesen verbiegt man sich nicht!

Gedanken – man sieht die Biegung nicht!

Wenn man es will!

DENN: Verbiegt man sich nicht ist man gerade!

DOCH die meisten verbiegen sich!

DENN: Die Gesellschaft ist „verbiegbar"!

DOCH: Die Gesellschaft mag kein „gerade"!

Genießen

Liebe ist wundervoll.

Schmetterlinge im Bauch.

Auch nach ein paar Jahren noch.

Schönes Erleben.

Schönes Fühlen.

Schönes Freuen.

GENIESSEN!

Sommergefühl

Man plant eine Reise,

man plant ganz anders,

man sieht Masken,

man sieht Shutdown – aus gegebenem Anlass verhängt!

Doch dann:

Ein Gericht,

ein Urteil

und alles wird anders –

was wird daraus,

wie geht es weiter …

… damit wird es interessant …

… das Sommergefühl wird anders …

… eigenartig …

Ausflug in die Geschichte

Mal etwas anderes hatten wir gesagt.

Fahrt über Land,

Eindrücke der Geschichte streifen das Auge,

Links das Neue, wie aus dem Ei gepellt,

rechts die Ruine, der Verfall zeigt die Geschichte,

Dazwischen 200 Jahre – Preußen und noch frühe

Backsteingotik,

aufgefüllt mit Betonnarben der deutsch-deutschen

Geschichte –

Angeordnet, unstrukturiert und mit ausstrahlender

Melancholie.

Hier fühlt man Geschichte!

Roter Stein mit Narben

Roter Stein mit Narben,

zeigt auf, was hier war,

zeigt auf, was hier ist!

Moos auf ihm, es zeigt die Geschichte …

Roter Stein mit Narben,

bildet ein Haus mit Geschichte,

bildet ein Haus, das erzählt!

Moos auf ihm, es zeigt die Geschichte …

Roter Stein mit Narben …

Museumsbesuch

Das alte Haus umfängt einen ...

Die Maske im Gesicht,

Schwer geht die Luft,

Eine Halle voll Geschichte,

Eine Halle voll Inspiration,

Mit Abstand steht die Gruppe,

anders als sonst,

gespenstisch zeigt sich die Geschichte im hier und jetzt,

... in dem alten Haus!

Gegensätze

Einblicke in eine Stadt

Grell bunt – renoviert – neu - ein Preisträger!

Das schönste Haus der Stadt!

… dazwischen

Grau, kaputt, Steine, Schutt, eine Ruine …

Entsteht hier Neues?

Wird hier Altes bewahrt?

… eine eigenwillige Mischung!

… Gedanken umfangen einen!

Menschen hier und dort

Man geht durch die Straßen,

wenig Kinder,

alles ordentlich,

korrekt,

preußisch könnte man sagen,

ältere Menschen,

Ordnung,

entsteht hier etwas?

Eigenwillig,

Gedanken kommen,

Künstler sind seltsam unpolitisch hier …

Historisch?

Exakt

Der Garten ist sauber,

der Garten ist ordentlich,

kein Gras ist zu lang,

der Rasen gemäht,

die Blumen geschnitten,

kein Unkraut vorhanden,

das Beet ist gejätet,

kein Blatt fliegt umher,

der Weg ist gekehrt,

die Platten geputzt,

...

DER Gartenzwerg poliert und korrekt!

Wie ein Soldat?!

EXAKT!

Gehorsam

Es gibt Gesetze.

Es gibt Gehorsam.

Es zeigt sich deutlich –

HIER bitte zum Eingang!

DORT ist das Formular!

FÜLLEN sie es aus!

… in Gedanken:

„TANZEN sie nicht aus der Reihe!

SEIEN sie gehorsam!

Hier sollten wir es sein!

Bei anderem:

LASST uns ungehorsam sein!

Gekehrt

Man verkehrt durch die Stadt.

Kein Dreck.

Alles exakt,

… und doch im Hinterhof,

… noch Geschichte,

… wie unter den Teppich gekehrt,

… man soll sie nicht sehen,

… ist das verkehrt?!

… doch man spürt sie, sie ist da,

… hinter jedem Stein,

… stellen sich Gedanken ein,

… ist das verkehrt?

… oder wird es unter den Teppich gekehrt?!

Weil es dann geleert,

… und nicht mehr gelehrt?!

Eben gekehrt!

Landschaft

Blumen am Wegesrand,

Ähren stehen im Feld,

Vögel zwitschern entlang des Weges,

die Sonne am Horizont,

Wolken an einem blauen Himmel,

Landschaft

Stillleben

Mitten im Nirgendwo -das Irgendwo!

Blumen und Farben

Kornblumenblau,

Klatschmohnrot,

Distelviolett,

Intensive Farben bestimmen das Bild!

Blauer Himmel

Weiße Wolken!

Frieden …

Die Farben suggerieren es einem!

Ordnung

Alles hat seine Ordnung.

Ganz zentriert der Gartenzwerg!

Ganz genau das Blumenbeet!

Ganz reglementiert das Leben!

Ganz rhythmisiert die Arbeit!

Alles hat seine Ordnung!

Ganz exakt ist der Rasenschnitt!

Ganz genau ist der Fahrplan!

Ganz genau ist der Stadtreiniger!

Alles hat seine Ordnung!

...

Niemand ...

Kamerun

Komm` wir fahr´n nach Kamerun!

Exotik, afrikan´sches Leben, das wird schon was,

Wilde Tiere und ne Safari – das wird ´n Spaß!

Doch nein, mein Schatz:

Weiße Kunststoffwände ohne Ende,

dazu die Gartenzwergromantik!

… und abends gar kein Lagerfeuer,

sondern eher einen Broiler!

…

Komm 'wir fahr´n nach Kamerun,

bevors noch andere tun!

Gegend

Landschaft,

Landwirtschaft,

Wirtschaft?

Nichts!

Bauerngehöfte,

Ruinen,

Verfall

Straße ins Nirgendwo,

Was lebt hier?

Wer lebt hier?

Tiere,

Pflanzen

… und auch Menschen

… wenig,

… weniger,

… keine?

Getreide

In Leizen, in Leizen:

Steht kein Weizen,

nein nur zum Trutz

wächst hier etwas Kukuruz,

und wäre es das erste,

wüchse hier auch Gerste!

… und im letzten Winkel,

steht im Wind der Dinkel!

Damit das Pferd geht gar braver,

brauchen sie auch Hafer –

doch der ist kein Futter für die Doggen,

genauso wie der Roggen!

…

Getreide, Getreide und was ist auf der nächste Seite

Stille Orte

Orte, die keiner kennt,

Orte, die keiner weiß,

Orte, die das Herz brechen,

Orte, die Gefühle erzeugen,

Orte, die Phantasie anregen,

… jeder kennt sie,

… die wenigsten finden sie,

Doch es gibt sie!

Entdeckungen

Entdeckungen, …

… machen berühmte Wissenschaftler,

… machen berühmte Künstler,

… das ist die landläufige Meinung!

Entdeckungen, …

… machen alle Menschen,

… machen besonders Kinder,

… macht jeder, der sich dafür Zeit nimmt!

DENN: Eine Entdeckung ist eine Entdeckung!

Verlust und Rückkehr

Manche gehen weg!

Verlust, Trauer!

Dann kommen sie wieder!

Trotz Verleumdung – Sie haben Mut!

Rückkehr!

Sie sind da!

Denn sie zeigen Rückgrat!

Lieblingsplatz

Am See...

unter Bäumen schweifen die Gedanken...

Frei und ohne Schranken,

Ein Platz für Verliebte,

Ein Platz für Liebende,

Frei und ohne Schranken,

Schweifen die Gedanken...

Ein Platz unter Bäumen,

Lädt ein zum Träumen,

Frei und ohne Schranken,

Bleiben die Gedanken,

ohne Wut und Hass,

an meinem Lieblingsplatz!

Anerkennen von Wahlergebnissen

Verrückter Mensch,

Interview

Wahlbefragung:

Aussage:

Ich überlege mir das Wahlergebnis anzuerkennen, ...

Das ist schlimm,

... wo führt es hin?

... ganz ohne Sinn,

Das erschüttert und verbittert!

Das macht Angst!

Ist aber Realität ...

... und keine Banalität!

Kein Traum,

... der Abschaum!

Feiern

Partys überall …

Ballermann, Opernplatz in Frankfurt und sonst noch wo…

Randale und Krakelen – ist das die Freiheit?

Es klingt von fern und nah:

„Its over now!"

Doch leise dort im Hintergrund:

Wie geht es nach dem Sommer weiter,

immer noch so heiter?

(Nachtrag: Geschrieben im Juli 2020, jetzt Anfang November sehen wir das Ergebnis: Kurz vor dem zweiten Chaos, die große 2. Welle …))

Planung

Keiner will wissen wie,

keiner will wissen ob,

keiner macht sich Gedanken,

alle genießen ohne Schranken!

Doch irgendwie muss es gehen,

doch irgendwie gibt es ein flaues Gefühl,

doch irgendwie, ...

... es weiß und will keiner!

Randale

Friedlich war es,

gefeiert wurde,

getrunken wurde,

… dann Provokation,

… dann Eskalation,

… ist das eine Lösung,

… oder auch nur ein Zeichen von Angst und Hilflosigkeit?

Randale

Gehorsam und Vernunft

Es gibt Gesetze,

Es gibt Gehorsam.

Manchmal zeigt es sich deutlich,

am Eingang,

das Formular,

„Füllen Sie es aus!"

Es kann Leben retten und Leid verhüten!

Es gibt Gehorsam!

Bei ANDEREM

… auch hoffentlich mal UNGEHORSAM!

Gefühle

Gefühle sind da,

Gefühle sind trügerisch,

Gefühle sind schön,

Gefühle sind Leben,

Gefühle brauche ich!

Gefühle habe ich!

Gefühle, ...

Chaos

Schaut man auf 'ne Großmacht dieser Welt.

Sieht man eine Implosion von Macht,

Sieht man Chaos und Probleme.

Nur einer merkt es nicht:

Er versucht es wie Despoten

Im Kampf mit den vermeintlichen Chaoten,

seine Ordnung zu erstellen und Gesetze zu entstellen.

Für Realität fehlt ihm der Blick, das andere ist sein Kick!

Die Welt, sie zweifelt am Verstand

und an dieser Führungshand!

Man sieht hier einen Staat, kämpfend mit der geist 'gen Saat!

Hoffentlich erkennend, dass er ins Verderben renne

und das Volk bei der Wahl nicht penne!

…

Splitter

Der Blick,

der Gedanke,

es blitzt auf,

es passiert,

plötzlich sind man ein Funkeln,

eine Scherbe – einen Splitter!

Kurz aufleuchtend im Licht,

dann wieder dunkel,

doch er ist da, der Splitter,

ich weiß es!

Gegen Ideologie

Gegen Hass,

gegen Krieg,

gegen Fremdenfeindlichkeit,

gegen Unverstand,

gegen Hetze,

gegen Ideologien!

Für Demokratie,

Für Meinungsäußerung,

Für Frieden,

Für Freiheit,

Für Pluralität!

Gegen Verfolgung,

gegen Gewalt,

gegen Ausgrenzung!

Nur so können wir sein, denn anders darf nicht sein!

Wir sind selbst dafür verantwortlich!

Virale Wellenlehre

Der Physiker forscht nach der perfekten Welle,

der Surfer reitet die perfekte Welle,

Streitende machen ´ne perfekte Welle,

... und wir?

... Wir befördern das Virus in die 2. perfekte Welle!

DENN:

Erst mit den vielen „Fällen"

... versteht man die perfekten Wellen!

Und so passiert es – in der viralen Wellenlehre!

Positiv – Negativ

Kationen sind positiv,

Anionen sind negativ,

Das ist einfach!

Schwangerschaftstests können positiv sein,

dann ist es manchmal negativ!

Coronatests können positiv sein,

dann ist das negativ!

Das ist kompliziert!

Und nun?

Leben

Das Leben ist seltsam,

das Leben ist voller Träume,

das Leben ist voller Sorgen,

das Leben ist voller Freude,

das Leben ist voller Trauer,

Das ist das Leben!

Lebt und liebt es!

Probleme

Wir meinen, wir haben Probleme!

Oft haben wir keine, wo welche sind!

Oft haben wir welche, wo keine sind!

Oft suchen wir keine, wo welche sind!

Oft suchen wir welche, wo keine sind!

DOCH:

Probleme sind klug – sie kennen ihren Weg zu uns!

Kompetenz

Der abgegriffene Begriff ...Kompetenz

...soll Lernen erklären!

... soll Fähigkeiten hervorheben!

... Lehrende leiten!

... Lernende führen!

Nur manchmal glaube ich,

die Kompetenz führt in die Inkompetenz!

Gute Nacht

Gute Nacht und wunderschöne Träume!

Alle Tage gehen zu Ende wie sie beginnen:

Mit einem Blick in die Sterne und mit Gedanken

an alle Menschen, mit denen ich verbunden bin und war!

Hitze 2020

Hitze brennt!

Hirn ist leer!

Und ich bin abgebrannt!

Aber nicht ausgebrannt!

Mit Weinbrand!

Das Konzept

Das Konzept soll den Alltag regeln!

Regelt es den Alltag?

Oder regelt der Alltag das Konzept?

Man will Alltag – auf Biegen und Brechen!

Keiner denkt die tatsächlichen Abläufe, …

Keiner denkt das menschliche Verhalten, …

Der Alltag regelt das Konzept!

16 und 1-mal in Deutschland!

(Nachtrag: Das war im August 2020, jetzt im

Oktober/November 2020 überrollt uns der

Alltag – also gab und gibt es kaum Konzepte!)

Feldversuch

Eine Gruppe,

ein Problem,

ein paar Regeln,

Zeit,

Tests,

Ergebnis?

Hoffnung auf Lösung?!

Ergebnis!

Zeitlimit,

keine Lösung …

Warten!

… ein Feldversuch!

Wut

Versuchsbedingungen, Laboratmosphäre, ...

Teilnehmer ziehen vorüber, ...

Hoffen auf ein Ergebnis,

Teilnehmer ziehen vorüber, ...

... Tage,

... Wochen,

... Monate,

... kann das so funktionieren?!

...Wut auf das System!

Lauf´

Alles funktioniert,

alles läuft,

eine Idee,

lauf´,

hab´ keine Angst,

lauf´,

geh´ deinen Weg,

lauf´,

sei zuversichtlich,

lauf´!

Hab´ aber Angst,

ich lauf´ nicht,

hab´ keine Zuversicht,

ich lauf´ nicht!

Keine Idee,

alles läuft nicht,

alles funktioniert nicht!

Zahlen

nicht wie im März …

der Juli, …

keine Sondersendungen mehr,

es scheint vorbei,

es muss nichts mehr gesagt werden,

es soll Alltag werden!

Doch die Zahlen steigen, ganz langsam!

Keiner horcht auf,

es verblasst!

Am Horizont die dunkle Linie!

Es ist wieder da!

Sondersendungen,

es wird gemahnt,

es ist anders – der November!

… kein Alltag!

… wieder ein Shutdown!

Nur light – aber er ist da!

Seltsam

Das Leben ist seltsam, …

Das Leben ist wundersam, …

Das Leben zieht vorüber, …

Das Leben vor deinem inneren Auge, …

Seltsam, wundersam, traurig!

Das Leben füllt meine Augen mit Tränen, …

Das Leben füllt meine Gedanken mit Trauer, …

Das Leben zeigt sich in meinen Wunden, …

Seltsam, wundersam, traurig!

Das Leben ist seltsam, …!

Sonderbare Zeit

Alles soll normal sein,

alles soll funktionieren,

Lernende,

Lehrende,

Eltern,

keiner will es wahrhaben,

alle befolgen Regeln,

…

Und hoffen!

Es wirkt aber sonderbar!

… denn keiner will es, aber nach acht Stunden MNS,

weißt du es,

es ist eine sonderbare Zeit!

Wir müssen schützen und beschützen!

… deswegen tun wir es, jeden Tag!

Afrikanische Träume

Ich stand in der Wüste,

grell war die Sonne,

heiß war der Sand,

flirrende Luft!

In der Ferne die Tiere der Wüste –

Nachts funkelnde Sterne,

leuchtend, ganz nahe,

wie die Träume der Nacht!

Lange ist es her, ...

und doch ist es wie eben, ...

... afrikanische Träume!

... sie sind noch in mir!

Wie in Gobabeb vor zwei Jahren!

(In Erinnerung an die Zeit in Gobabeb 2017 und 2018)

Australische Weisheit

Das Land ist so groß,

das Land ist so weit,

das Land bestimmt, was wir sind,

das Land zeigt uns das Leben,

das Land ist so groß,

das Land ist so weit,

wir sind so klein – alles andere ist groß!

Das Land entscheidet, ob wir überleben!

Die Wolken am Horizont spiegeln das Land!

(Nach einer Unterhaltung mit Aborigines am Uluru 1996)

Sterne

Sterne,

Sterne wie in Afrika,

Sterne wie in Australien,

Sterne wie in den Alpen,

Sterne wie am Gipfel,

Sterne machen mich glücklich,

Sterne machen mich traurig,

Sterne zeigen mein Leben,

Sterne!

Die Tränen

Das Auge ist feucht,

das Auge ist nass,

die Tränen, sie fließen

die Tränen, sie benetzen meine Wange,

die Tränen, sie zeigen meine Traurigkeit,

die Tränen, sie wissen, was ich fühle,

die Tränen, sie sind da,

die Tränen, sie kommen ganz plötzlich,

die Tränen!

Wahrheit

Was ist Wahrheit für manche Menschen?

Manche Menschen drehen sich die Wahrheit,

sie sie brauchen!

Das bedrückt mich – besonders bei Menschen, die ich

eigentlich schätze!

Wie gehe ich mit solchen Wahrheiten um?

Ich weiß keine Lösung!

Wahrheit

Berlin 8/29

Alle haben 9/11 im Kopf – da ist schlimmes passiert,

Menschen verletzt,

Menschen tot,

wir werden aber auch 8/29 im Kopf behalten!

Hier zeigt die Gesellschaft ihre Brüchigkeit!

Hier zeigt die Gesellschaft ihre nicht solidarische Haltung!

Hier zeigen die Leugner ihr Gesicht!

Hier wird die Fratze offenbar!

Das ist beschämend!

Das ist bedrückend!

Es ist noch viel zu lernen!

Freiheit

Ist das eure Freiheit?

Ist das eure Wahrheit?

Nein, ihr spielt mit unserem Leben!

Nein, ihr wisst nicht was es ist!

Nein, ihr wisst nicht, was es bedeutet darum zu kämpfen!

Nein, ihr meint, es ist alles Schikane!

Ist das eure Wahrheit?!

Ist das eure Freiheit?!

Diagnosen

Diagnosen können Gedanken machen,

Diagnosen können manchmal gut sein,

Diagnosen können manchmal schlecht sein,

Diagnosen stoßen Prozesse an,

Diagnosen sind manchmal lebensbestimmend,

Diagnosen können manchmal grausam sein,

Diagnosen erfordern manchmal eine Entscheidung,

Nur welche Entscheidung ist richtig?

Das Wesentliche

Was ist das Wesentliche?

Ist es das Leben?

Ist es das Glück?

Ist es die Liebe?

Ist es die Freiheit?

Ich glaube wir bemessen es unterschiedlich!

Das ist das Wesentliche!

Wählen

Du hast das Recht zu wählen!

Für den einen ein Recht!

Für den anderen ein Unrecht!

Damit kannst du entscheiden!

Damit kannst du bestimmen!

Es ist ein großes Recht!

Es bedeutet Freiheit!

Es bedeutet Hoffnung!

… für jeden einzelnen Menschen!

Experimente

Experimente liefern Experimente?

Experimente liefern Erkenntnisse,

Erkenntnisse liefern Experimente,

Experimente liefern Fragen,

Fragen liefern Experimente,

Experimente liefern Aussagen,

Aussagen liefern Experimente,

Experimente liefern Hoffnung,

Hoffnung liefert Experimente,

Experimente liefern Experimente!

Andere Menschen

Andere Menschen,

andere Sitten,

andere Bräuche,

andere Gerüche,

andere Gewohnheiten -

man sieht es erst, wenn man liest!

Man sieht es erst, wenn man sie kennenlernt!

Man sieht es erst im Extremen!

Andere Menschen!

Gefangen oder frei?

Ist man gefangen oder frei, fragte mich ein Kind und ich

erwiderte:

Freiheit ist vielschichtig,

Freiheit ist, schreiben zu dürfen,

Freiheit ist, seine Meinung sagen zu dürfen,

Freiheit ist, reisen zu dürfen,

Freiheit ist, mit Familie sein zu dürfen,

Freiheit ist, mit Freunden zusammen sein zu dürfen,

Freiheit ist, seine Entscheidungen treffen zu dürfen!

Freiheit ist Liebe!

Alles andere ist gefangen, ...

Ist das die Antwort?

... und es ist wichtig auf andere zu achten, damit unsere

Freiheit bleibt – Maskendemonstrationen mit politischer

Hetze sind gegen die Freiheit!

Der Fährmann

Kennst du den Weg, frage ich den Fährmann?

Ich kenne den Weg, sagt der Fährmann!

Kennst du die Liebe, frage ich den Fährmann?

Ich kenne die Liebe, sagt der Fährmann!

Kennst du die Traurigkeit, frage ich den Fährmann?

Ich kenne die Traurigkeit, sagt der Fährmann!

Kennst du das Leben, frage ich den Fährmann?

Ich kenne das Leben, sagt der Fährmann!

Kennst du den Tod, frage ich den Fährmann?

Ich kenne den Tod, sagt der Fährmann!

Kennst du die Fracht, frage ich den Fährmann?

Ich kenne die Fracht, sagt der Fährmann!

Ich blicke den Fährmann an,

Dann stößt der Fährmann sein Kahn vom Ufer ab!

Der Kahn verschwindet in die Nacht,

… ich blicke dem Fährmann nach!

Goldene Zeiten

Es gab mal goldene Zeiten,

da stand man an der Straße und genoss die Pracht

und den Prunk!

Heute gibt es andere Zeiten,

da steht man an der Straße und sieht die Hast!

Morgen gibt es neue Zeiten,

da steht man wieder an der Straße,

sieht Menschen, die keine Heimat haben!

Da wird die Erinnerung groß, …

… wir hatten mal goldene Zeiten?!

Moria

Es brennt, …

Wieder zeigt sich Europa als Festung,

keiner will sie!

Keiner will geben!

Keiner ist humanitär und will es auch nicht sein!

Jeder wiegelt ab,

jeder macht „sein Ding"!

nur nichts gemeinsam!

Menschen sind egal!

Leiden geht weiter!

Menschlichkeit kann auch durch Feuer nicht

entzündet werden!

Es brennt, …!

Traurig

Ich bin traurig,

ich weine,

ich weiß nicht warum,

ich weiß nicht wieso.

Ich bin traurig,

ich weine,

ich kämpfe auf so vielen Plätzen,

ich habe Erfolg!

Ich bin traurig,

ich weine,

ich habe Glück,

ich liebe!

Ich bin traurig,

ich weine,

manchmal weint der Pierrot, so wie heute!

Achtung und Respekt

Achtung verschaffen wir uns,

Respekt erhoffen wir uns,

Achtung haben wir in vielen Fällen,

Respekt haben wir manchmal,

Achtung kann man nicht erzwingen,

Respekt kann man nicht erzwingen!

Beides bekommt man geschenkt!

Denkt mal daran Achtung und Respekt zu verschenken!

Wendezeiten – Zeitenwende

Zeitenwende – Wendezeit?

Wendezeit - Zeitenwende?

Es muss sich etwas verändern!

Aber was?

Wir uns!

Es ist die Zeit dafür!

Es ist die Zeit für Wende,

Ist Zeit für eine Wende?

Ist die Wende für die Zeit?

Zeitenwende – Wendezeit!

Wendezeit – Zeitenwende!

Zeitenwende – Wendezeiten

Zeitenwende – Wendezeit?

Zeit der Wende, Wende der Zeit?

Wir bestimmen es, bestimmen es wir?

Wir wollen es, wollen wir es?

Wir wenden es, wenden wir es?

Wendezeit – Zeitenwende!

Filmprinzessin

Man sieht einen Film,

knisternd das Zelluloid,

… Geruch, Geräusche, und Musik, Kino, …

Man fühlt mit den Protagonisten,

man fiebert mit der Handlung,

man trauert in der Szene,

man lacht mit dem Sketch,

man liebt die Prinzessin,

man ist der Prinz,

… für einen Moment der Held!

knisternd das Zelluloid,

… Geruch, Geräusche und Musik, Kino, …

Elend

Lager

Lagerung

Endlagerung

Verlagerung

Menschen

Menschenleben

Leben

Lebenswert

Hilfe

Hilfsbereitschaft

Hilfeleistung

... Elend?

... und hier unsere Politik:

Taktieren

Paktieren

Entscheidungen

Fehlentscheidungen

... Elend!

Grausam!

Peinlichkeiten

Europa ist nicht humanitär,

Europa grenzt sich ab,

Europa feilscht,

Europa ist grausam,

… das ist die Peinlichkeit der sogenannten ersten Welt!

… das ist nichts Menschliches der sogenannten ersten Welt!

Wollen – nicht wollen – das kann und darf nicht sein!

Ist aber leider so –

da fällt es einem schwer in den Spiegel zu sehen!

… das ist die Peinlichkeit der Persönlichkeit!

Wir können es besser!

Was kommt?

Das was kommt, kommt!

Kommt was, das kommt?

Der Mensch geht, geht!

Geht der Mensch, der geht?

Alles wird gut!

Wird alles gut?

Erfahrungen

Im Leben macht man manchmal Erfahrungen:

Erfahrungen, die Prägen,

Erfahrungen, die glücklich machen,

Erfahrungen, die traurig machen,

Erfahrungen, die stolz machen,

Erfahrungen, die nicht gemacht werden wollen,

Erfahrungen, die gefallen,

Erfahrungen, die nicht gefallen,

Erfahrungen, die das Leben grau machen,

Erfahrungen, die das Leben bunt machen!

… eben Erfahrungen!

Schreiben – Denken – Fühlen

Schreibst du, wenn du schreibst?

Schreibst du, wenn du denkst?

Denkst du, wenn du schreibst?

Denkst du, wenn du denkst?

Schreibst du, wenn du fühlst?

Fühlst du, wenn du schreibst?

Fühlst du, wenn du fühlst?

Spannung

Spannung entsteht beim Fühlen,

Spannung entsteht beim Denken,

Spannung entsteht beim Lieben,

Spannung bringt uns auseinander,

Spannung bringt uns zusammen –

Denn wir fühlen, Denken und Lieben mit Spannung!

Hoffentlich!

Dasein

Warum bin ich hier?

Warum bin ich nicht dort?

Kann ich nicht hier sein?

Kann ich nicht dort sein?

Will ich hier sein?

Will ich nicht dort sein?

Mag ich hier sein?

Mag ich nicht dort sein?

Ist es das hier sein?

Ist es das dort sein?

Hier sein und nicht dort sein, zu sein ist manchmal schwierig –

Oft entscheiden wir es nicht einmal!

Kennst du ...?

Kennst du Sprache?

Kennst du Musik?

Kennst du Gedanken?

Kennst du Gefühle?

Warum fühlst du dann nicht die Sprache?

Warum fühlst du dann nicht die Musik?

Warum fühlst du dann nicht die Gedanken?

Warum fühlst du dann nicht die Gefühle?

Ich frage mich das oft?

Denn Sprache und Musik erzeugen Gedanken und Gefühle!

Denn Gedanken und Gefühle erzeugen Sprache und Musik!

Kennst du das ...?

Schatten -Schattenbilder

Die Sonne projiziert den Schatten in den Sand.

Der Schatten wird länger …

Die Schattenbilder werden grimmiger …

Der Schatten jagt dem Leben hinterher, …

Das Leben jagt dem Schatten hinterher, …

Das Schattenbild jagt dem Leben hinterher, …

Das Leben jagt dem Schattenbild hinterher, …

Sie werden sich nie erreichen, …

Vision und Leben

Ist das Leben eine Vision?

Ist die Vision ein Leben?

Was ist die Vision?

Was ist das Leben?

Wir haben eine Vision!

Wir haben ein Leben!

Wenn wir eine Vision haben, haben wir ein Leben?

Wenn wir ein Leben haben, haben wir eine Vision?

So hängen Vision und Leben zusammen?!

Hoffnung und Vision

Ist Hoffnung eine Vision?

Ist Vision eine Hoffnung?

Was ist eine Vision?

Was ist eine Hoffnung?

Wir haben eine Vision!

Wir haben eine Hoffnung!

Wenn wir eine Vision haben, haben wir eine Hoffnung?

Wenn wir eine Hoffnung, haben wir eine Vision?

So hängen Vision und Hoffnung zusammen?!

Erziehung und Vision

Ist Erziehung eine Vision?

Ist Vision eine Erziehung?

Was ist eine Erziehung?

Was ist eine Vision?

Wir haben eine Vision!

Wir haben eine Erziehung!

Wenn wir eine Vision haben, haben wir eine Erziehung?

Wenn wir eine Erziehung haben, haben wir eine Vision?

So hängen Vision und Erziehung zusammen?!

Erziehung

Ist Erziehung wichtig?

Ist Erziehung eine Struktur?

Ist Erziehung ein Ziel?

Ist Erziehung eine Hoffnung?

Ist Erziehung eine Vision?

Mag sein, ...?!

Erziehung kann wichtig sein!

Erziehung kann eine Struktur sein!

Erziehung kann ein Ziel sein!

Erziehung kann eine Hoffnung sein!

Erziehung kann eine Vision sein!

Mag sein, ...?!

Vertrauen

Was ist Vertrauen?

Was ist Hoffnung?

Was ist Liebe?

Das ist Vertrauen!

Das ist Hoffnung!

Das ist Liebe!

Risikogebiete - Ausnahmezustand

Plötzlich wieder Ausnahmezustand,

Plötzlich wieder Pandemiestatus,

Es ist wieder da,

es war nie weg,

… nur verblasst, nicht mehr akut!

… Risikogebiet,

… plötzlich kennt man eines!

… wir leben in einem!

… Ausnahmezustand!

Freiheit

30 Jahre ist es her –

30 Jahre was ist das?

30 Jahre – wir haben es erlebt!

Wir wissen eigentlich, was es bedeuten soll!

Nur achten wir sie kaum!

Unsere Kinder können es von uns lernen!

Eigentlich ein großes Geschenk –

Nur sehen wir das nicht!

Doch es sind 30 Jahre Geschichte!

Wir sollten uns freuen, anstatt zu zetern und zu zaudern!

Zum 03. Oktober 2020!

Stolpern

Und plötzlich stolpere ich,

und blicke auf den Boden,

da glänzt es,

da steht ein Name,

ich betroffen,

ich bin bestürzt,

der Name erzählt eine Geschichte,

aus unserer Geschichte …

In Gedenken an den 09. November

Gerichte des Vernichtens

Es wird erzählt die Geschichte,

aus unserer Geschichte,

was waren wir für Wichte,

zu bestellen solche Gerichte,

zu verurteilen Menschen anderen Glaubens,

um zu legitimieren,

sie zu deportieren,

damit sie krepieren

Das ist die Geschichte …

… des Vernichtens!

In Gedenken an den 09. November

Verantwortung

Es gibt Menschen, die haben Macht,

es gibt Menschen, die entscheiden und entschieden über

viele Menschen,

es gibt Menschen, die diese Macht

missbrauchen und missbrauchten!

Sie entscheiden und entschieden nicht zum Wohl

der Menschen

Sie entscheiden und entschieden für sich und ihre

Belange!

Sie gehen und gingen mit dien Entscheidungen

unverantwortlich um!

Sie meinen alles für sich entscheiden zu müssen!

Sie lernen und lernten nicht, was Verantwortung

bedeutet und bedeutete!

Sie kennen und kannten keine Verantwortung!

Verblendung

Macht verblendet,

Macht entstellt,

Macht macht gierig,

Macht macht unheimlich,

Macht macht unvernünftig,

Macht ist gefährlich!

Wenn sie unverantwortlich gebraucht wird!

Wenn sie missbraucht wird!

Der unverantwortliche Gebrauch von Macht wird selten

angeprangert!

Der unverantwortliche Gebrauch von Macht wird leider zu oft

geduldet!

Der Missbrauch von Macht wird leider selten angeprangert!

Der Missbrauch von Macht wird leider zu oft geduldet!

Verblendung!

Lockdown Light?!

Es gab eine Prognose°!

Die ging wohl in die Hose!

Und wieder Realität!

Keine Banalität!

Jetzt haben wir die Kalamität!

Denn es war zu erwarten,

auch für die ganz harten,

ein Lockdown,

ein Shutdown,

die Fortsetzung von Quarantäne,

alle heulen wie die Hyänen

und kämpfen mit den Tränen!

Stillstand

Alles steht wieder still,

das Leben – mit allem was wir hatten –

bekommt jetzt einen Schatten!

Es gab nicht wirklich eine Planung –

Man hatte keine Ahnung!

Die Augen zu vor dem Herbst,

das Laub fällt ab,

die Zeit verrinnt –

doch jetzt im Brunnen ist das Kind!

Und überall hört man das Klagen,

über das neue Unbehagen!

Die zweite Welle gibt nicht nur

der Wirtschaft eine Delle!

Mir wird mulmig um das Herz,

es ist ein großer Schmerz!

Nur die Leugner halten es für einen Scherz!

Leben immer neu

Das Leben,

ein Leben!

Gedanken, was passiert,

Gedanken es passiert!

Und dann ...?

... hoffen!

Wissen?

Leben!

Immer anders!

Immer neu!

Das Leben,

ein Leben!

Und die Welt schaut nach Washington!

Die Welt schaut nach Washington,

die Welt schaut auf ein Volk,

die Welt schaut auf eine Person,

diese Person schaut auf Ergebnisse!

Nur passen sie nicht für diese Person!

Also agiert diese Person!

Sie will gewinnen!

Denn ihre Macht wird sonst zerrinnen!

Deswegen fängt sie an zu spinnen!

Also agiert diese Person!

Und die Welt schaut nach Washington!

Wahl und Qual

Eine Wahl,

eine Qual,

eine Wahrheit –

es gibt Entscheidungen,

die bekommt man,

die will man,

die muss man akzeptieren,

eine Qual,

eine Wahl!

Gesetze

Gesetze, eigentlich eine Hoheit des Parlamentes!

Nur jetzt in der Pandemie?

Wird es anders?

Wer entscheidet?

Wer gehorcht?

Wer macht es?

Wie geht es?

Fragen, die wir uns stellen!

Fragen, die einer Antwort bedürfen!

Es ist notwendig!

Wir wollen Leben!

Manchmal sind solche Gesetze wichtig!

Der Neue

Die Welt, sie hofft auf den Neuen,

ein Ende des Zwietracht streuen,

ein kollektives freuen!

Doch wie wird es wirklich werden?

Kann der Neue das alles ändern?

Kann der Neue das alles erfüllen?

Oder sind seine Worte leere Hüllen!

So sehen wir voller Hoffnung,

in eine doch ungewisse Zukunft!

Zahlen

Die Kurve, sie steigt gar immer mehr,

oh, nein doch nicht so sehr,

doch die Zahlen, sie explodieren,

wie konnte das passieren?!

Das Leben, im Augenblick,

ein Suchen nach dem Lichtblick!

Es bereiten diese Zahlen,

uns ganz heft´ge Qualen!

Deswegen wieder –

Lasst uns legen manches nieder!

Sinn und Unsinn

Alles macht Sinn,

alles macht keinen Sinn!

Alles macht Unsinn,

alles macht keinen Unsinn!

Sinn macht alles,

Unsinn macht alles!

Keinen Sinn macht alles,

Keinen Unsinn macht alles!

Sinn und Unsinn – Unsinn und Sinn?!

Eine Frage ohne Frage

Es ist eine Frage ohne Frage!

Ist es eine Frage, ohne Frage?!

Was ist eine Frage ohne Frage?

Warum ist es eine Frage ohne Frage?

Ohne Frage, es ist eine Frage!

Fragen ohne Fragen sind Fragen, ohne Frage!

Verlangen

Das Verlangen nach Verlangen,

bedeutet Verlangen nach Verlangen!

Verlangt das Verlangen, verlangen?

So verlangen wir das Verlangen nach verlangen zu verlangen!

Eben Verlangen zu verlangen!

Wechsel

Gibt es einen Wechsel?

Es gibt einen Wechsel!

Wir hoffen auf einen Wechsel!

Was bringt der Wechsel?

Einen Wechsel!

Erinnerung – Verstimmung

Die Erinnerung,

gibt eine Stimmung,

in einer Besinnung,

in Verstimmung,

der Erinnerung

Einschläge

Sie ist da,

spürbar die Enge,

man merkt die Not der Sache,

denn die Einschläge kommen dichter,

es packt uns das Grauen,

man ist nicht mehr weit davon entfernt,

es ist nah,

und jeden Tag einen Schritt näher!

In Gedanken an meine Familie und Freunde auf der
ganzen Welt – mögen wir alle heil aus der Sache her-
auskommen!

Hoffen

Warten,

hoffen,

betroffen,

und immer wieder spinnt der Kopf Gedanken,

zu zeigen meine Schranken,

warten,

hoffen,

betroffen!

Wie vor dem Sturm!

Warten auf eine Nachricht,

hoffen auf eine Nachricht!

Aber-

Es passiert nichts,

Stille,

Ruhe – wie vor dem Sturm!

Once upon a time

Ein Märchen,

eine Geschichte, die erzählt wird,

eine Geschichte, die das Leben schreibt,

zu einer anderen Zeit,

Kinder laufen über die Straße,

junge Menschen genießen das Leben,

alten Menschen blicken zurück,

der Tag neigt sich zu Ende,

once upon a time,

time is going,

life is growing,

once upon a time!

Das Gesicht – ein Gesicht – im Spiegel

Das Gesicht blickt mich an,

ein Gesicht blickt mich an,

es berührt mich,

es spürt meine Gefühle,

es spürt meine Traurigkeit,

es berührt meine Melancholie,

es blickt mich an,

es ist nur ein Gesicht!

…

Im Spiegel!

Ein Wort – Ein Leben

Ein Wort

Ein Gedanke

… mal sehen, was Ihr damit macht,

Ein Wort

Ein Gedanke

… für alle Menschen!

Das Leben

Ein Leben

Kein Leben

Ein Blick auf das Leben

Ein Blick ins Leben

Ein Blick über das Leben

Rückblick

Impfung

Alle Welt blickt auf die Forschung,

denn sie meinen, sie haben die Impfung!

Hoffnung!

Und die Menschen mit Geld,

blicken hoffentlich auf die ganze Welt

und haben mit Armen

ein wirkliches Erbarmen!

… denn das wäre Weihnachten, Bayram und Jom Kippur

…ein wirkliches Fest für alle Menschen

Es ist der Anfang – und noch nicht vorbei!

Eben **Ausnahmezustand**

Der Weg (Afrika 2018, eigenes Bild)

Dank

Ich habe wieder vielen Menschen zu danken, die mich zu diesen Gedichten inspiriert haben. Manche Menschen wissen nicht, dass die Unterhaltungen mit Ihnen die Quelle für ein Gedicht sind.

Es sind diese Menschen, die etwas Besonderes sind. Oft nicht auffällig, sondern eher still.

Denn wer nicht schweigen kann, kann auch nicht reden und wer nicht reden kann, kann auch nichts sagen!

Gedanken sind wie fliegen, sie bedeuten Freiheit!

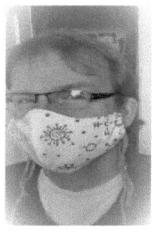

Danke fürs Lesen!

Euer Harlekin Pierrot

www.harlekinpierrot.com

Inhaltsverzeichnis

ZUM GELEIT 5

PLÖTZLICH 6

VERBOTE 7

DIE MEUTE 8

GEDANKEN 10

GENIEßEN 11

SOMMERGEFÜHL.. 12

AUSFLUG IN DIE GESCHICHTE 13

ROTER STEIN MIT NARBEN........................... 14

MUSEUMSBESUCH 15

GEGENSÄTZE 16

MENSCHEN HIER UND DORT......................... 17

EXAKT 18

GEHORSAM 19

GEKEHRT 20

LANDSCHAFT 21

BLUMEN UND FARBEN... 22

ORDNUNG 23

KAMERUN... 24

GEGEND 25

GETREIDE... 26

STILLE ORTE 27

ENTDECKUNGEN... 28

VERLUST UND RÜCKKEHR 29

LIEBLINGSPLATZ.. 30

ANERKENNEN VON WAHLERGEBNISSEN 31

FEIERN... 32

PLANUNG 33

RANDALE 34

GEHORSAM UND VERNUNFT 35

GEFÜHLE 36

CHAOS 37

SPLITTER 38

GEGEN IDEOLOGIE 39

VIRALE WELLENLEHRE..................................... 40

POSITIV – NEGATIV 41

LEBEN 42

PROBLEME... 43

KOMPETENZ 44

GUTE NACHT 45

HITZE 2020 46

DAS KONZEPT 47

FELDVERSUCH... 48

WUT 49

LAUF´ 50

ZAHLEN... 51

SELTSAM.. 52

SONDERBARE ZEIT 53

AFRIKANISCHE TRÄUME................................. 54

AUSTRALISCHE WEISHEIT 55

STERNE.. 56

DIE TRÄNEN 57

WAHRHEIT.. 58

BERLIN 8/29.. 59

FREIHEIT 60

DIAGNOSEN 61

DAS WESENTLICHE 62

WÄHLEN 63

EXPERIMENTE 64

ANDERE MENSCHEN 65

GEFANGEN ODER FREI? 66

DER FÄHRMANN 67

GOLDENE ZEITEN 68

MORIA 69

TRAURIG 70

ACHTUNG UND RESPEKT 71

WENDEZEITEN – ZEITENWENDE 72

ZEITENWENDE – WENDEZEITEN 73

FILMPRINZESSIN 74

ELEND.. 75

PEINLICHKEITEN.. 76

WAS KOMMT?.. 77

ERFAHRUNGEN.. 78

SCHREIBEN – DENKEN – FÜHLEN............................ 79

SPANNUNG... 80

DASEIN 81

KENNST DU ...?.. 82

SCHATTEN -SCHATTENBILDER 83

VISION UND LEBEN 84

HOFFNUNG UND VISION 85

ERZIEHUNG UND VISION 86

ERZIEHUNG... 87

VERTRAUEN.. 88

RISIKOGEBIETE - AUSNAHMEZUSTAND........................ 89

FREIHEIT 90

STOLPERN 91

GERICHTE DES VERNICHTENS.................................. 92

VERANTWORTUNG 93

VERBLENDUNG 94

LOCKDOWN LIGHT?!.. 95

STILLSTAND 96

LEBEN IMMER NEU 97

UND DIE WELT SCHAUT NACH WASHINGTON!............ 98

WAHL UND QUAL 99

GESETZE 100

DER NEUE 101

ZAHLEN... 102

SINN UND UNSINN 103

EINE FRAGE OHNE FRAGE 104

VERLANGEN 105

WECHSEL 106

ERINNERUNG – VERSTIMMUNG 107

EINSCHLÄGE 108

HOFFEN 109

WIE VOR DEM STURM! 110

ONCE UPON A TIME 111

DAS GESICHT – EIN GESICHT – IM SPIEGEL 112

EIN WORT – EIN LEBEN 113

IMPFUNG 114

DANK 116